Norah Custaud

Prières pour les couples

© 2021, Norah Custaud

Édition : Books on Demand,
12/14 rond-Point des Champs-Elysées, 75008 Paris
Impression : BoD - Books on Demand, Norderstedt, Allemagne
ISBN : 9782322198986
Dépôt légal : février 2021

PRIÈRES POUR LES COUPLES

*L'amour conjugal révèle sa vraie nature et
sa vraie noblesse quand on le considère
dans sa source suprême, Dieu qui est amour.*

Paul VI

I

Ô Marie, pure lumière des cieux, joie des Anges et des Archanges, doux bonheur des élus, votre Nom est la gloire du Paradis comme il est la consolation de la Terre, vos louanges seront chantées éternellement dans tous les siècles des siècles ! Et vous êtes ma Mère, alors pourquoi votre enfant ne serait-il (elle) pas heureux (se) de votre bonheur ? Salut, Amour et Gloire à Marie, la Reine du Ciel ! Je suis heureux (se) de votre bonheur, Ô belle et pure Marie, heureux (se) de ce regard d'Amour que la Sainte Trinité porte sur vous ! Ce bonheur que vous possédez, Ô douce Marie, mettez-le au sein de mon couple en difficulté car il y règne incompréhension et discorde.

Intervenez, douce Mère, avant que les mots et les gestes de haine ne dépassent la pensée de chacun ; avant que la rupture ne devienne irréversible, avant que l'amour qui uni ces êtres ne soit englouti par les forces du Mal et leurs suppôts ! Intervenez, tendre Mère, avant que le malin ne puisse se vanter d'une nouvelle victoire sur ces âmes qui s'était promises à Dieu ! Que votre Amour, votre Douceur et votre Compassion entrent dans ces cœurs ravagés, pour en éliminer la haine, la colère, le ressentiment, et y installent pour toujours la tendresse et la compréhension, le respect de l'autre, et y ravivent l'amour qui ne doit jamais mourir, car il est le cadeau de Dieu pour la Terre ! Je vous en supplie, au Nom du Père, du Fils et du Saint-Esprit. Amen

II

Ô Seigneur, Toi notre Père, je viens vers Toi en ce jour t'offrir les couples en difficulté de la terre afin qu'ils vivent dans l'amour. Viens visiter les cœurs brisés et viens guérir les cœurs blessés. Que ton Fils soit leur lumière et l'Esprit Saint leur unité, pour que tous, déjà sur la terre, soient comme Vous. Ô Trinité ! Ô Jésus, Toi notre frère, mets en nos cœurs ton pardon. Que notre couple soit offrande dans la joie et l'abandon. Que ta sagesse, jour après jour, guide nos pas près de ta Croix. Que nous chantions à notre tour, Magnificat Alléluia ! Ô Esprit Saint, viens visiter toutes nos familles divisées. Viens redonner ton espérance pour un demain plein de confiance. Réunis dans le cœur de Dieu tous les époux séparés. Renouvelle leur alliance et donne-leur ta sainteté ! Prions aussi pour les couples unis, qu'ils persévèrent dans la foi et dans la confiance réciproque et que Dieu nourrisse leur fidélité. Béni sois-Tu, Seigneur, tu as été avec nous dans le bonheur comme dans l'adversité. Nous Te prions de nous aider encore. Garde-nous dans l'amour mutuel, que nous soyons des témoins fidèles de l'alliance que Tu as conclue avec l'humanité. Amen

III

Seigneur Dieu, donne-nous ta Miséricorde. Aide-nous à pardonner aussi souvent que Tu pardonnes, à accepter de repartir vers l'avenir, plus forts d'une douleur vécue, plus unis d'une épreuve acceptée. Seigneur Dieu, donne-nous ta Paix. Rends-nous forts et confiants, d'une foi sans regret, d'une joie sans brouillard, pour marcher à Toi dans l'unité et trouver place ainsi en ta Communauté. Seigneur Dieu, donne-nous l'Amour. Que nous puissions ainsi Te le rendre avant tout, à la mesure humaine, au plus profond de nous ; le partager l'un à l'autre et le lire en nos yeux tout au long de notre vie, dans chaque geste du jour ; l'apprendre à nos enfants, eux qui en sont les fruits ; le distribuer autour de nous comme est distribué le pain aux rencontres des chemins. Seigneur, donne-nous ton Visage. Que chacun nous regarde en T'y reconnaissant, et qu'à travers chacun nous voyions ton Image. Merci, Père, d'être à l'origine d'une rencontre entre deux êtres. Merci pour ce moment privilégié où chacun se sent capable d'aimer et prêt à tout donner. Aujourd'hui, je Te prie pour que cet élan ressurgisse au sein des couples en difficulté. Tu leur offres la possibilité de parcourir ensemble un même chemin car ils ont besoin l'un de l'autre pour avancer vers Toi. Aide-les à le réaliser pleinement. Vierge-Marie, invite chacun à se sentir responsable du bonheur de l'autre, qu'il ne pense qu'à l'aimer jusqu'à lui donner toute sa vie. Aide ceux qui s'aiment à faire de leur épreuve un moyen de se rapprocher l'un de l'autre pour consolider leur union. Ainsi par l'échange de tendresse et par la confiance mutuelle, ils parviendront à ne faire plus qu'un. Qu'ils mettent alors la force de leur amour retrouvé au service d'un proche, d'un ami ou de toute personne dans le besoin. Et c'est en manifestant ainsi l'Amour et la compassion de Dieu qu'ils permettront à l'Esprit-Saint de demeurer en leur cœur. Amen

IV

Voici l'autre devant moi Seigneur, je dois le regarder au-delà de mes idées et de ses idées, de mon comportement et de son comportement. Je dois lui permettre d'exister devant moi, tel qu'il est en son être profond et non pas l'obliger à l'attaque, à la défensive, à la comédie. Je dois le respecter, autre que moi, et non pas le saisir pour moi, le gagner à mes idées, l'entraîner à ma suite. Je dois être pauvre devant lui, ne pas l'écraser ou l'humilier, ni l'obliger à la reconnaissance. Car il est unique, Seigneur, et donc riche d'une richesse que je ne possède pas, et c'est moi le pauvre qui me tiens à sa porte, pour apercevoir au fond de son cœur, ton visage, Ô Christ ressuscité, qui m'invite et me sourit. Amen

V

Ô Saint-Esprit Amour unifiant du Père et du Fils ! Inspire-moi ici, maintenant et toujours sur ce que je dois penser, idées justes, optimistes, qui font avancer ; éloigne de moi toute pensée triste et négative. Inspire-moi ici, maintenant et toujours, sur ce que je dois dire et la manière de le dire à toutes fins utiles, sur ce que je dois dire et la manière de le dire à toutes fins utiles, sur ce que je dois taire, aussi pour demeurer discret et jamais médisant. Aide-moi ici maintenant et toujours, Ô Saint-Esprit ! En me suggérant ce que je dois dire, ce que je dois faire. Oui inspire-moi sur ce que je dois faire pour le bien de notre couple en difficulté et pour ma propre élévation. Ô Saint-Esprit fais que je sois toujours bon et fidèle à la grâce de Dieu qui est Feu et Lumière matérialisés dans ton Amour. Amen

VI

Merci Père d'être à l'origine d'une rencontre entre deux êtres. Merci pour ce moment privilégié où chacun se sent capable d'aimer et prêt à tout donner. Aujourd'hui je te prie pour que cet élan resurgisse au sein des couples en difficulté. Tu leur offres la possibilité de parcourir ensemble un même chemin car ils ont besoin l'un de l'autre pour avancer vers Toi. Aide-les à le réaliser pleinement. Ainsi soit-il.

VII

Vierge Marie, invite chacun à se sentir responsable du bonheur de l'autre. Qu'il ou elle ne pense qu'à l'aimer jusqu'à lui donner toute sa vie. Aide ceux qui s'aiment à faire de leur épreuve un moyen de se rapprocher l'un de l'autre pour consolider leur union. Ainsi par l'échange de tendresse et par la confiance mutuelle, ils parviendront à ne faire plus qu'un. Qu'ils mettent alors la force de leur Amour retrouvé au service d'un proche, d'un ami ou de toute personne dans le besoin. Et c'est en manifestant ainsi l'Amour et la compassion de Dieu qu'ils permettront à l'Esprit-Saint de demeurer en leur cœur. Ainsi soit-il.

VIII

Parce que tu m'as répudié, je prie pour Toi ; parce que tu m'as délaissé, je prie pour Toi ; parce que tu m'as oublié, je prie pour Toi ; parce que tu m'as sali, je prie pour Toi ; parce que tu m'as ignoré, je prie pour Toi ; parce que tu t'es détourné de ma détresse, je prie pour Toi ; parce que tu m'as tendu la main, je prie pour Toi ; parce que tu m'as accueilli, je prie pour Toi ; parce que tu m'as souri, je prie pour Toi ; parce que tu m'as aidé à me relever, je prie pour Toi ! Seigneur, que ceux qui ne savent pas tendre la main, apprennent à la tendre. Que ceux qui accueillent, continuent à accueillir. Seigneur, tu m'as appris la détresse et la croix, apprends-moi aussi à consoler, à pardonner, à aimer, à accueillir. Que mon épreuve me donne un nouveau regard, une autre sensibilité à la détresse des autres. Accorde-moi, Seigneur, de ne jamais oublier d'ouvrir les yeux ! Amen

IX

Ô glorieuse Sainte Rita,
Obtiens de Dieu pour notre couple la force nécessaire,
pour que nous restions fidèles à Dieu et à nous-même.
Prends soin de nous, bénis notre chemin,
pour la gloire de Dieu et pour notre bonheur.
Que rien ne perturbe notre harmonie,
Que notre foyer soit prospère, ô Sainte Rita.
Que t'aident les anges de la paix,
à en éloigner tout mal et toute dispute,
Que la charité y règne en souveraine,
Et qu'il n'y ait jamais moins que l'amour qui unit nos cœurs
et nos âmes pures rachetées par le sang de Jésus. Amen

X

Glorieux Patriarche Saint Joseph, nous vous en supplions humblement par cet amour fidèle et ce respect réciproque, qu'on vit régner à l'envi l'un de l'autre entre vous et votre aimable épouse dans toutes les circonstances, dans toutes vos actions, dans toutes vos paroles ; faites que nos familles soient bénies dans leurs mariages, afin qu'elles donnent l'exemple de toutes les vertus chrétiennes, et qu'elles fassent régner dans leur sein, l'union, la paix et la concorde. Obtenez aux époux, ô vous leur illustre protecteur, que pour le bien du monde, ils suivent vos traces dans le chemin difficile de leur état, et que tous ils aiment d'un amour chaste le céleste Époux ; qu'ils Lui soient toujours fidèles, qu'ils L'honorent avec une constante humilité, jusqu'à ce que, remettant leur âme entre vos mains, ils soient trouvés dignes de participer au festin nuptial du divin Agneau dans le Ciel.

Abbé Jean François Hilaire Oudoul

XI

Ô Père des Miséricordes, et Dieu de toute consolation, daignez répandre l'abondance de vos Grâces sur votre serviteur et votre servante. Souvenez-Vous que le Lien qui nous unit a été formé au pied de Vos autels, et consacré par l'application des Mérites de notre Seigneur Jésus-Christ, votre Fils unique, notre Rédempteur et notre Dieu ; ne permettez pas que ce lien si respectable devienne par notre faute un obstacle à notre sanctification. Conduisez-nous tous deux dans la voie du Salut, afin que, sous Vos yeux, nous Vous servions avec un saint concert dans la sainteté et la justice ; et puisqu'il Vous a plu de nous unir dans le temps, selon vos Lois, dans le lieu de notre pèlerinage, qu'il Vous plaise aussi nous réunir éternellement, par Votre infinie Miséricorde, dans la céleste Jérusalem, notre véritable Patrie. Ainsi soit-il.

Abbé Ambroise Guillois

XII

Ayez la confiance. Nul ne pourra nous séparer ; ce que Dieu a joint, ce n'est pas à l'homme de le désunir. Dieu l'a dit à propos de l'union de l'homme et de la femme : tu ne peux, ô homme, briser le lien d'un seul mariage, comment pourrais-tu diviser l'Église de Dieu ? C'est donc Elle que tu attaques, parce que tu ne peux atteindre Celui que tu poursuis. Le moyen de rendre ma gloire plus éclatante, d'épuiser plus sûrement encore tes forces, c'est de me combattre ; car il te sera dur de regimber contre l'aiguillon. Tu n'en émousseras pas la pointe, et tes pieds en seront ensanglantés. Les flots n'entament pas le rocher, ils retombent sur eux-mêmes, écume impuissante. Ainsi soit-il.

Saint Jean Chrysostome

XIII

Père, merci pour ma femme / mon mari et pour le Don du mariage. Je suis si reconnaissant d'avoir un vis-à-vis qui saura m'accompagner toute la vie. Ne permets jamais que j'oublie que ma/mon partenaire est un trésor et un présent de Ta part. Aide-moi à la/le traiter en conséquence. Ainsi soit-il.

Gary Chapman

XIV

Seigneur, notre Dieu, nous te bénissons et te rendons grâce, parce que tu nous as formés à ton image et à ta ressemblance : homme et femme, tu nous as créés et tu nous invites à vivre l'un pour l'autre un amour joyeux et vivifiant.

Béni sois-tu pour le ''oui'' que tu nous as inspiré, pour la confiance et le pardon dont tu nous rends capables, pour ta présence qui illumine notre relation dans les bons comme les mauvais jours.

Dieu, fidèle et généreux, nous t'en prions : apprends-nous chaque jour à nous engager à nouveau, rajeunis notre amour, fortifie-nous dans la fidélité, sois avec nous dans l'heure du doute, quand ce que nous portons en nous de meilleur risque de s'affaiblir ou de s'effondrer : notre désir de vivre l'un pour l'autre et de donner la vie.

Trinité Sainte, Père, Fils et Esprit Saint, nous te prions pour les couples en difficulté, pour tous ceux qui ont du mal à se trouver l'un l'autre et à vivre en confiance.

À tous les époux, à toutes les familles, accorde, Seigneur, tes dons d'unité, de fécondité et de fidélité, ta joie pour toujours. Amen

        Cardinal Danneels Godfried

XV

Sacrement, maintenez parmi nous l'esprit d'union et de concorde pour nous aimer mutuellement comme vous aimez votre Église ; donnez-nous l'esprit de patience et de douceur, pour supporter paisiblement nos défauts ; armez-nous de l'esprit de prudence et de sainteté, afin que nous demeurions toujours dans les bornes de nos devoirs, et que nous ne fassions rien qui offense vos regards, rien qui soit opposé au profond respect dû à votre Sacrement. Envoyez-nous l'esprit de sage sollicitude et de prévoyance, pour subvenir, selon les règles de la justice et de la charité, aux besoins de notre famille. Préservez-nous de l'esprit du monde et de l'amour de nos vanités, afin que nous ne cherchions qu'à vous plaire, à vous, notre Dieu, notre amour, le vrai lien de nos cœurs. Inspirez-nous surtout ce véritable esprit de foi qui fasse de notre demeure une école de piété et un sanctuaire de toutes les Vertus. Loin de nous, ô mon Dieu, loin de nous le malheur d'être, par notre tolérance ou notre vie peu édifiante, une cause de ruine pour nos enfants. Loin de notre maison, loin, bien loin d'elle tout ce qui serait une pierre de scandale, une occasion de péché. Ô Marie, je recommande à votre cœur maternel mes pauvres enfants : soyez leur mère, formez leur cœur à la vertu. Tendre Mère, qu'ils soient pieux, charitables, toujours chrétiens; que leur vie, pleine de bonnes œuvres, soit couronnée par une sainte mort. Puissions-nous, ô Marie, nous retrouver tous ensemble dans le ciel, pour contempler votre gloire, pour célébrer vos bienfaits et votre amour et vous bénir éternellement avec votre cher Fils,

Notre-Seigneur Jésus-Christ. Ainsi soit-il.

    Saint Alphonse de Liguori

XVI

Seigneur, nous Te confions notre amour pour qu'il ne meure jamais. Fais que sa source soit en Toi pour que chacun de nous cherche à aimer plus qu'à être aimé, à donner plus qu'à recevoir. Que les jours de joie ne nous enlisent pas dans l'indifférence au reste du monde. Que les jours de peine ne nous désemparent pas mais cimentent notre amour. Seigneur, Toi qui es la Vie donne-nous de ne jamais refuser la vie qui voudra naître de notre amour. Seigneur, Toi qui es la Vérité donne-nous de ne jamais nous refuser la vérité mais de rester transparents l'un à l'autre. Seigneur, Toi qui es le Chemin donne-nous de ne jamais nous alourdir la marche mais d'avancer la main dans la main. Seigneur, Toi qui nous as donné Marie, ta Mère, elle qui fut toujours fidèle, forte et tendre : qu'elle soit la gardienne de la famille que nous fondons aujourd'hui. Que sa fidélité, sa force, sa tendresse nous gardent fidèles, forts et tendres à jamais. Amen

    Sœur Emmanuelle du Caire

XVII

Seigneur, nous nous aimons et te confions notre amour.
Aide-nous à nous aimer plus encore.
Favorise notre espérance et augmente notre générosité.
Fortifie nos serments, donne souffle à notre liberté.

Nous nous sommes choisis,
mais nous savons que nous ne sommes pas les plus forts.
Toi seul peux soutenir notre volonté et rendre plus large nos consentements.
Laisse notre vie courir son rêve avec l'élan renouvelé des commencements.
Que la joie toujours déborde sur l'habitude et que l'intelligence triomphe des fatigues de la journée.

Nous nous offrons avec ardeur :

Enseigne-nous la constance.
Fais de nos sentiments
cette force grave et légère qui prépare
un lendemain à chaque jour,
mais s'étonne de chaque instant
comme s'il était unique.
Que nous marchions côte à côte,
allant d'étonnement en étonnement,
et d'offrande en plus belle offrande.

Que nous demeurions l'un pour l'autre,
douceur, secours, pardon et
simplicité de paroles.
Ne laisse pas faner notre tendresse,
mais rends-la sûre et belle
comme l'ascension d'un jour.

Augmente notre intimité,
tisse-là de mystères et de confidences,
mais fais que nous ayons assez d'amour
pour l'offrir à la terre

que déchirent le mépris et l'abandon;
que notre joie ne se donne pas,
comme le malheur, une face de solitude.
Exhorte-là à être partout, pour toutes et tous,
une source, une table ouverte,
un geste d'ample fraternité. Amen

XVIII

Seigneur, Aidez-nous dans notre mariage, à sa grandeur et à ses responsabilités. Enseignez-nous ce que nous devons faire pour parvenir à la pureté de votre amour. Apprenez-nous que l'amour est un don et ne peut être mélanger d'aucun égoïsme, que l'amour est pur et ne peut s'accommoder d'aucune bassesse, que l'amour est fécond et doit à partir d'aujourd'hui nous conduire tous deux à une nouvelle manière de vivre.

Que la Vierge Marie soit un modèle dans ma vie d'épouse et de mère, aimante et dévouée.

Que Saint Joseph me montre les voies pour parvenir à être un époux attentif et un père aimant.

Qu'à l'image de la Sainte famille, nous sachions rester uni et donner l'amour nécessaire aux enfants que vous voudrez bien nous confier. Donnez-nous de savoir être disponible aux autres et de rendre notre foyer toujours plus accueillant. Amen

XIX

Père, votre plus grand commandement c'est que nous nous aimons les uns les autres. Le mariage est une relation sacrée qui renvoie à notre relation avec Vous. Montrez-nous comment suivre votre exemple et mettre de côté notre égoïsme et notre fierté et nous servir humblement les uns les autres. Aidez-nous à être d'un même esprit et en nous respectant les uns les autres au-dessus et en veillant aux intérêts de l'autre. Au milieu de nos vies bien remplies, aidez-nous à prendre le temps de nous aimer profondément du fond du cœur, comme vous nous avez aimés. Que l'amour que nous avons les uns pour les autres soit un témoignage pour le monde.

XX

Père céleste, nous tenons devant toi pour te remercier pour tout ce que tu as fait et tu continues de faire dans notre vie et notre mariage. Nous te demandons aujourd'hui, de renforcer les liens de notre mariage.

Père, nous te demandons de nous donner la force pour que nous soyons unis devant les difficultés.

Aide-nous, à reconnaître ce qui ne va pas dans notre mariage et à le réparer afin que nous puissions toujours progresser dans notre mariage que ce soit au niveau spirituel, physique et mental.

Nous t'aimons et nous te remercions pour toutes les choses que tu nous offres.

XXI

Seigneur, c'est grâce à ta volonté que nous sommes réconciliés et que notre amour continue à grandir l'un pour l'autre et à s'épanouir, peu importe ce qui s'est passé entre nous.

Seigneur, guéris notre mariage de toutes les attaques spirituelles. Que cette guérison commence par chacun d'entre nous.

Seigneur, veille sur notre relation et reconstruit la confiance et l'honnêteté qui manquaient à ce mariage. Retire et brise tous les liens d'âme impies.

Seigneur, je commande sept fois la restauration de la confiance et de l'honnêteté que le diable nous a volées, au nom de Jésus.

XXII

Aide-nous Père, à supporter patiemment les épreuves et à résister aux tentations qui pourraient nuire à notre mariage.

Dieu bénit ceux qui endurent patiemment les épreuves et les tentations afin de recevoir la couronne de vie que Dieu a promise à ceux qui l'aiment.

Envoie sur nous ton esprit pour nous protéger et persévérer face aux tentations du diable. Aide-nous à garder ta volonté dans nos cœurs et nos esprits.

XXIII

Père céleste,

Merci pour le conjoint que vous m'avez donné et toutes ses merveilleuses qualités. Aide-moi chaque jour à rechercher le bien chez mon conjoint et à ignorer ses défauts.

Aide-nous à rester engagés l'un envers l'autre et garde-nous de la tentation. Guide notre avenir pour te glorifier. Garde-nous en bonne santé afin que nous puissions travailler pour ton Royaume.

Lorsque nous sommes en désaccord aide-nous à nous approcher les uns les autres avec humilité et respect.

Renforce notre communication et notre amitié afin que notre amour grandisse et soit plus fort que jamais.

Aide-nous à guider nos enfants plus près de vous chaque jour en te mettant au centre de notre famille. Amen

XXIV

Seigneur, aide-nous à se souvenir de notre première rencontre et le grand amour qui est né entre nous.

Aide-nous à apprendre à aimer d'une manière raisonnable afin que rien ne puisse nous séparer.

Que nos paroles soient gentilles et nos pensées bienveillantes.
Que nous puissions rester assez humbles pour demander le pardon et assez sages pour le donner librement.

XXV

Seigneur, merci pour cette belle journée. Je prie pour mon mariage, et je vous implore d'insuffler sur nous la passion de la vie, de l'amour et la passion de grandir dans la sagesse pour vous servir.

Faites revivre l'espoir dans nos cœurs et ravivez notre mariage par l'amour que nous portons l'un pour l'autre.

Au nom de Jésus. Amen

Photo de couverture
Priscilla du Preez
Sur Unsplash